EL PEQUEÑO
LIBRO DE LAS
BRUJAS

Puedes consultar nuestro catálogo en
www.picarona.net

EL PEQUEÑO LIBRO DE LAS BRUJAS
Texto e ilustraciones: *Febe Sillani*

1.ª edición: octubre de 2019

Título original: *Il piccolo libro delle streghe*

Traducción: *Laura Fanton*
Maquetación: *Montse Martín*
Corrección: *Sara Moreno*
Directora de arte: *Francesca Leoneschi*
Proyecto gráfico: *Andrea Cavallini*

© 2016, Edizioni EL S.r.l., Trieste, Italia, www.edizioniel.com
Título negociado a través de Ute Körner Lit. Ag., www.uklitag.com
(Reservados todos los derechos)
© 2019, Ediciones Obelisco, S. L.
www.edicionesobelisco.com
(Reservados los derechos para la lengua española)

Edita: Picarona, sello infantil de Ediciones Obelisco, S. L.
Collita, 23-25. Pol. Ind. Molí de la Bastida
08191 Rubí - Barcelona
Tel. 93 309 85 25 - Fax 93 309 85 23
E-mail: picarona@picarona.net

ISBN: 978-84-9145-304-8
Depósito Legal: B-17.813-2019

Impreso por Gráficas 94, Hermanos Molina, S. L.
Polígono Industrial Can Casablancas
c/ Garrotxa, nave 5 - 08192 Sant Quirze del Vallès (Barcelona)

Printed in Spain

EL PEQUEÑO LIBRO DE LAS BRUJAS

FEBE SILLANI

Picarona

LAS BRUJAS MALAS

La mayoría de las brujas quieren llenar el mundo de maldad y de discordia. Debido a su crueldad, las brujas tienen un aspecto repulsivo, con la cara llena de arrugas y verrugas, las cejas muy pobladas, el pelo como paja seca y, a menudo, son jorobadas. Poseen poderes mágicos extraordinarios y consultan continuamente sus antiguos libros de brujería para saber cómo hacer sus pociones y hechizos diabólicos.

En las cuevas oscuras en las que viven tienen verdaderas cocinas-laboratorio en las que preparan

sus maleficios. En el centro de la habitación hay un fuego sobre el que hierve incesantemente un caldero enorme, siempre a punto para ser utilizado. En los armarios, en las estanterías…, por todas partes, las brujas tienen centenares de frascos y ampollas que contienen ingredientes especiales para preparar sus pócimas.

Ojos de salamandras, escorpiones secos,
patas de ciempiés y jugo de tarántula son sólo
algunos de ellos.

Ya desde pequeñas, las brujas aprenden
a montar en escoba, que es su medio de transporte
favorito para sobrevolar las ciudades,
a mantenerlo todo bajo su control
y a llevar el mal a todas partes.

LAS BRUJAS BUENAS

Las brujas buenas son muy útiles,
ya que pueden romper las maldiciones
y los hechizos de las brujas malas. Son de buen
corazón, por eso su aspecto es hermoso y
siempre joven, aunque tengan trescientos años.
A menudo se las confunde con hadas generosas,
pero son realmente distintas; las brujas buenas
son hechiceras a todos los efectos y disfrutan
haciendo sortilegios mañana, tarde y noche.
Su especialidad son los amuletos mágicos, objetos
que se dan a las víctimas de los hechizos o a los

que se encuentran cerca de una bruja mala, para ofrecerles protección. Pueden ser anillos, sombreros, colgantes o zapatillas plateadas para llevar en ocasiones especiales.

A las brujas buenas se las llama también «brujas blancas» porque les gusta vestirse con colores claros. A menudo se alían entre ellas,

pulsera que suena si hay cerca una bruja mala

sombrero antihechizos

collar para hacer las paces

antillo revelahechizos

zapatillas plateadas para alejar a las brujas del oeste

amuleto para ser invisible

y para una bruja mala no hay nada más desagradable y repugnante en el mundo que encontrarse con un grupo de alegres brujas blancas.

A veces, aunque muy raramente, sucede que una bruja buena se cansa de hacer el bien y se pasa al bando de las brujas negras. Entonces, se suele convertir en una de las peores.

LAS BRUJAS GUAPAS

Las brujas guapas son muy peligrosas.
Viven entre la gente, habitan en casas muy luminosas y hacen la compra en el supermercado, como todo el mundo.

Nadie pensaría que detrás de una cara sonriente con ojos dulces se pueda esconder una bruja feroz, lista para acabar con la humanidad entera. Estas criaturas utilizan su belleza excepcional para seducir a las personas y hacer que caigan rendidas a sus pies.

Las brujas guapas se sienten superiores al resto del mundo y su mayor fijación es llegar a gobernar a la humanidad entera.

Son expertas en embrujar a la gente utilizando artes mágicas muy refinadas; saben preparar perfumes hipnotizadores que llevan ellas mismas o exhibirse en bailes antiguos y hermosos y encantar a quienes las miran.

Las brujas guapas enamoran a quienes las rodean poniendo una semilla invisible en el corazón de los pobres desafortunados.

   Para desenmascarar a estas criaturas horribles
es suficiente con criticar su aspecto.
Al escucharnos, revelarán su terrorífico
y horrible aspecto. Las brujas guapas se pondrán
furiosas, empezarán a gritar y de sus ojos saldrán
llamas para incinerar a aquellos que se han
atrevido a ofenderlas.

LA BRUJA PASTELERA

La bruja pastelera vive en el bosque, en una casita de mazapán que ha construido con sus manos y que se dedica a adornar y decorar cada día. Constantemente hornea pasteles y dulces que luego cuelga en las ventanas, en la puerta y en las paredes de la casa.

Lo suyo es fijación: en lugar de limpiar, toma un poco de chocolate derretido y se pone a decorar muebles, sillas… ¡e incluso la bañera!

La verdad es que a ella todos esos dulces
le revuelven el estómago y no los comería
por nada del mundo.

A la bruja pastelera sólo le gusta comer niños.

Su objetivo es atraerlos, capturarlos y asarlos
para la cena.

De hecho, sucede que muchos niños golosos,
al pasar por delante de la casita de mazapán,
empiezan a lamerla y acaban capturados
por la terrible bruja.

Pero ella no come niños delgados, así que para engordarlos, los deja mucho tiempo en una jaula, como si fuesen gallinas, cebándolos con pastelitos y patatas fritas hasta que se ponen regordetes.

Los niños, que son muy listos, generalmente consiguen liberarse y escapar cuando la bruja se distrae decorando su casita con azúcar de colores.

BABA YAGA

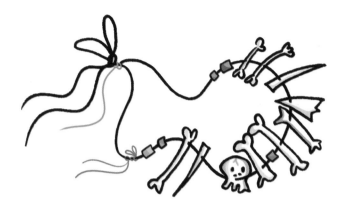

B aba Yaga es una bruja que vive en los bosques de Rusia. Viaja volando dentro de un mortero, empujándose con fuerza con el mazo.

Como todas las demás brujas, también posee una escoba, pero la suya está hecha de abedul plateado y sirve para borrar el rastro que deja tras de sí.

Baba Yaga siempre tiene mucha hambre; con sus dientes de hierro afilados como cuchillas devora a cualquier ser vivo que se le acerque.

Esta bruja vive en una choza que se apoya
en una pata de gallina, lista para moverse en
cualquier momento. Las paredes de la casa
están hechas de huesos, la puerta es invisible
y se abre únicamente con una fórmula mágica.
La cerradura es una boca llena de dientes
puntiagudos y las ventanas son ojos que siguen
a quienes, imprudentemente, se acercan. Las pilas
de huesecitos esparcidos a su alrededor
son los restos de las comidas de la bruja.

Cuando Baba Yaga decide quedarse más
tiempo en algún lugar, construye con
cuidado un pequeño jardín alrededor de la choza.
Obviamente, está hecho con hierbas espinosas
y decorado con calaveras clavadas en estacas.

LA BRUJA
DEL PARQUE DE ATRACCIONES

La bruja del parque de atracciones vive en una tienda de campaña plantada en la zona de juegos. Su especialidad consiste en predecir el futuro, y para la gente no hay curiosidad más grande que la de saber qué le pasará más adelante en la vida. El exterior de la tienda de la bruja tiene un aspecto misterioso, y la pesada tela en la entrada no permite que las personas vean lo que hay en su interior.

Dentro, en la oscuridad, la bruja espera a los visitantes frente a una bola de cristal luminosa.

Mirándola puede ver si una persona tendrá suerte, si encontrará un gran amor o si ese día tendrá dolor de barriga.

A esta peculiar hechicera le encanta vestirse de forma extraña, con grandes pañuelos de colores, collares y pulseras brillantes y utiliza mucho maquillaje.

Con su aspecto tan alegre y animado no infunde temor, pero, en realidad, la bruja del parque de atracciones es muy mala. Al ser capaz de predecir el futuro, se divierte dando consejos que parecen sabios. Por esta razón siempre sonríe a todo el mundo.

Pero, en realidad, sus consejos conducen solamente a la discordia y el enfado.

LA BRUJA DE LA ISLA

En un lugar secreto en mitad del mar hay una pequeña isla habitada por una bruja cruel. Los marineros que por desgracia desembarcan allí no vuelven nunca a sus casas y se enfrentan a un destino horrible.

La isla tiene un aspecto exuberante, y en medio de un hermoso bosque, se eleva un palacio con puertas de oro y ventanas incrustadas de

En él vive la bruja de la isla, sentada

. Es una de las brujas

más guapas del mundo: tiene el pelo largo, rizado y de color cobre, un porte elegante y, además, sabe cantar muy bien. A sus pies están sus fieles animales guardianes, que son lobos y leones. En realidad, toda la isla está llena de bestias, que no son nada feroces, al contrario, son dóciles y afectuosas con todo el mundo.

Los hombres que llegan a la isla enseguida
son invitados a almorzar por la bruja,
que también es muy buena cocinera.
Pero el que come las cosas que ella sirve
se transforma inmediatamente en cerdo u oveja;
todos los platos están envenenados
con hierbas mágicas.

La bruja odia a los hombres, pero quiere
mucho a los animales, por eso, al final
del banquete, encierra a sus nuevos amigos
en los establos del palacio.

LAS TRES BRUJAS DEL BOSQUE

Cuenta la leyenda que tres viejas hermanas fueron expulsadas del pueblo en el que vivían porque todos pensaban que eran maléficas brujas. Las tres hermanas huyeron al bosque y nadie más las volvió a ver.

Se cuenta que son ellas las que secuestran a los niños para luego encerrarlos en jaulas colgadas de los árboles. Hay quien jura haberlas visto trazar círculos mágicos en el suelo con piñas y ramas de pino. Quienes los atraviesan se quedan inmóviles como estatuas y quedan

a merced de sus garras. Cuando de repente sopla
un fuerte viento, estallan terribles temporales
o tormentas de nieve, se cree que es culpa
de las tres brujas del bosque, que siguen
enfadadas con los humanos.

Sus sirvientes son las serpientes que se
deslizan por la hierba y los cuervos de las ramas.
Ambos controlan y vigilan a quienes se acercan
a la choza de las brujas. Se dice que está cubierta

de telarañas y que en su interior las diabólicas hermanas cocinan calaveras humanas. Esto es lo que se cuenta, pero quizá sólo sea una historia inventada por los padres para mantener a los niños alejados de los peligros. O quizá todo sea cierto.

LOS ANIMALES MÁGICOS

Todas las brujas tienen un animal mágico que las ayuda en sus malvadas hazañas.

Gatos, sapos, búhos, lechuzas, cuervos y ratones son sus preferidos.

Los gatos son expertos en la preparación de pociones mágicas. Las brujas los eligen de color negro porque es su color preferido y está muy de moda en los ambientes mágicos.

A estos animales les encanta observar a sus dueñas, y las brujas, que saben leer la mente,

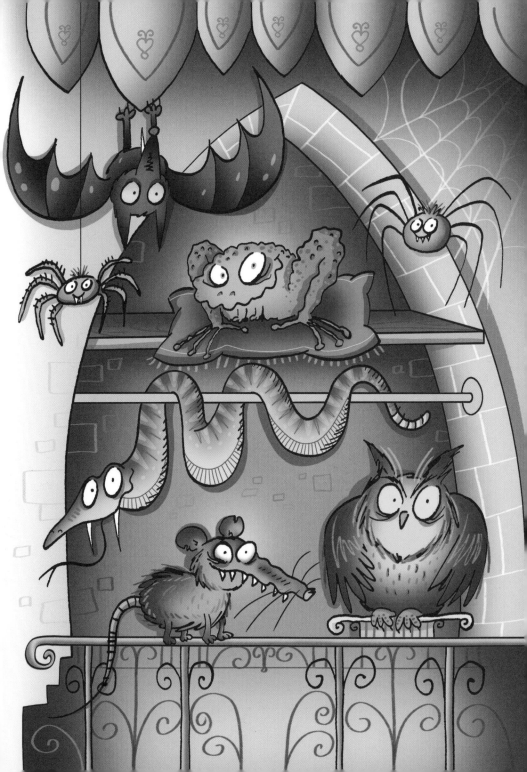

aprecian mucho los astutos consejos de estos voluntariosos ayudantes.

Los sapos, en cambio, se utilizan en la preparación de hechizos y transformaciones.

La bruja que elige tener a su lado a este animalito nunca correrá el riesgo de quedarse sin el ingrediente principal de las pociones de amor: la baba de sapo.

Los búhos y las lechuzas ayudan a las
hechiceras a prever el futuro y a escudriñar
en el oscuro mundo de las tinieblas en busca
de inspiración para nuevas maldades.

Los cuervos son enviados de noche a espiar
lo que hacen las brujas rivales, mientras
que los ratones son imprescindibles, ya que son
los primeros en probar los filtros mágicos.

EL *SABBAT* DE LAS BRUJAS

E l *sabbat* es la reunión anual donde
se encuentran las brujas de todas las especies
y categorías. Se celebra cerca de un cementerio y
empieza a la medianoche en punto.

Es muy importante participar, ya que tiene
lugar un intercambio de pociones mágicas,
amuletos y antiguos libros de brujería.

El *sabbat* empieza con la danza suprema
de las escobas, en la que las brujas demuestran
ser hábiles y atrevidas en el vuelo. Si alguna

fracasa y se estrella contra una lápida sepulcral, es inmediatamente expulsada del *sabbat*.

Durante esta noche especial se sirven platos que las brujas adoran: tarta con gusanos, zumo de puercoespín y peladillas de cera de los oídos.

El momento más importante del *sabbat* de las brujas es el concurso de magia; sólo entonces empieza la verdadera diversión. Se desatan un sinfín de explosiones, sonidos de animales y olor a azufre. Las brujas luchan hasta el último hechizo convirtiéndose mutuamente en seres deformes, bestias monstruosas o insectos horripilantes. Gana la que posee la mayor cantidad de antídotos para romper los hechizos y recuperar su propia apariencia.

ÍNDICE

Las brujas malas 4

Las brujas buenas 8

Las brujas guapas 12

La bruja pastelera 16

Baba Yaga 20

La bruja del parque
de atracciones 24

La bruja de la isla 28

Las tres brujas del bosque 32

Los animales mágicos 36

El *sabbat* de las brujas 40

LIBROS MONSTRUOSOS PARA LECTORES VALEROSOS